Publié pour la première fois en 1994
par Reed Children's Books Limited, Londres, sous le titre :
SPRING AWAKENING

D'après le roman de Colin Dann et la série animée produite par
Telemagination et La Fabrique pour la BBC
et l'Union Européenne de Radiodiffusion.

Dépôt légal n°9584 - Juin 1994 - ISBN 2.01.391991.3
Loi n°49.956 du 16 juillet 1949 sur les publications
destinées à la jeunesse.
Imprimé en Italie

Au secours de Crapaud

D'après le roman de Colin Dann
Texte de Mary Risk
Illustré par the County Studio
Adaptation française d' Evelyne Lallemand

DEUX COQS D'OR

Les animaux du bois de Quat'sous n'en doutaient plus : le printemps était bel et bien de retour. Il faisait doux, l'herbe sentait bon, des fleurs poussaient partout.

Près de la mare, une pierre bougea et un long corps ondulant apparut. C'était Vipère qui sortait de son sommeil hivernal.

« Sssplendide, ce sssoleil ! » s'amusa-t-elle à siffler.

L'une de ses sœurs voulut aller jouer à autre chose.

« Rêveuse, reviens, cria sa mère. La leçon de chasse, c'est important !

– Et facile, assura Docile. Regarde-moi.

– Vantard ! » glapit Gaillard.

Et il courut le mordiller. Aussitôt, Charmeuse vint consoler Docile d'un coup de langue.

« Il ne te voulait pas de mal », lui dit-elle.

Bientôt, Renard partit chercher à manger, Blaireau s'endormit, et la méchante Teigne sortit aussitôt d'un buisson.

« Dommage que ces petits soient d'une couleur si ordinaire, se moqua-t-elle.

– Eloigne-toi d'eux ! ordonna Renarde.

– Ma chère, répliqua la Teigne, j'ai mieux à faire que de m'intéresser à eux. »

Furieux, Gaillard se rua sur elle.

Crapaud sortit à son tour du trou dans lequel il avait passé l'hiver.

« Ohé, les copains, il est temps de rentrer chez nous ! Tous au bois de Quat'sous !

– Le parc du Daim Blanc est notre nouveau territoire », lui rappela Vipère.

Mais Crapaud n'écouta que son instinct : pour retourner là où il était né, il bondit vers la clôture du parc.

Pendant ce temps, Renarde apprenait à chasser à ses petits.

« Tu peux être fier d'eux », dit Blaireau à Renard qui surveillait les alentours.

Renarde lança une pomme de pin vers les renardeaux encore si patauds.

« Attrapez-la ! » leur ordonna-t-elle.

Gaillard s'élança, la saisit entre ses pattes, puis la renvoya en l'air.

Mais d'un coup de patte, elle le repoussa rudement en lançant à Renarde :

« Apprends-lui à être sage. Mon mari, le Balafré, déteste les petits effrontés. »

Puis elle s'en alla avec un air méprisant.

« C'est gentil d'avoir pris ma défense, dit Renarde à Gaillard, mais tu es encore trop jeune pour te battre... »

Gaillard ne tarda pas à oublier l'incident.

« Laisse Taupe, lui dit sa mère en le voyant s'en approcher. C'est un des nôtres. Et ça alors ! il a eu des bébés !

– Je ne suis pas Taupe, mais Taupinette, s'entendit-elle répondre. Mon pauvre mari est mort.

– Mort ? gémit Renarde. Oh, non ! »

A cet instant, Blaireau se réveilla.

« Je te présente Taupinette, dit Renarde.

– Voyons, c'est Taupe. Je le reconnais ! Où étais-tu passé, mon vieux copain ?

– Tu te trompes. C'est la femme de Taupe et leurs petits. Notre ami est mort...

– Arrête de dire des bêtises ! Il s'est simplement caché », s'entêta Blaireau.

C'est alors que surgit Vipère en criant :

« Ce bêta de Crapaud retourne au bois de Quat'sous ! Il a oublié que les hommes l'ont envahi avec leurs terribles bulldozers. »

Les renardeaux regardaient Vipère d'un œil intéressé. Tout à coup, Gaillard n'y tint plus : il s'en saisit et l'envoya voler aussi haut qu'il put !

« Veux-tu bien arrêter ! le gronda son père qui venait de rentrer de sa chasse. Vipère est une amie. »

Puis se tournant vers elle, il ajouta :

« Excuse-le, il ne recommencera plus, je te le promets.

– Ça, c'est à voir... murmura l'effronté.

– Comment vas-tu, Vipère ? s'enquit Renard sans l'entendre. Et comment vont les autres animaux de la mare ?

– Crapaud s'est sauvé, répéta Vipère. Son instinct le pousse vers le bois de Quat'sous. C'est de la folie. »

Crapaud était déjà sorti du parc du Daim Blanc. Le paysage défilait sous ses yeux comme dans un rêve, tandis qu'il bondissait gaiement à travers prés.

« Je rentre chez moi ! Je retourne dans mon joli bois ! » chantonnait-il.

Il ne vit ni le ruisseau dont il approchait, ni le petit garçon qui pêchait, ni même l'autre crapaud qui venait de sauter

Mais le petit garçon, lui, vit cet autre crapaud. Hop ! sa main se referma sur lui, ou plutôt sur elle, car c'était une demoiselle qui s'appelait Crapotte. Vite, il l'enferma dans un pot à confiture, puis il regarda autour de lui et hurla :

« Youpi ! En voilà un autre ! »

Et avant que Crapaud ait eu le temps de dire ouf, il se retrouva lui aussi dans un pot à confiture bien bouché.

Crécerelle et Siffleur étaient partis à la recherche de leur ami. Du haut du ciel, ils aperçurent les deux prisonniers.

« Lequel est notre Crapaud? s'inquiéta Siffleur.

– Allons voir ça de plus près », suggéra Crécerelle.

Fatigué de marcher, le petit garçon décida de barboter dans l'eau. Il déposa dans l'herbe les deux pots l'un à côté de l'autre, puis retira ses chaussures et ses chaussettes.

Crapaud jeta un coup d'œil à travers la paroi de verre et découvrit Crapotte.

« Comme elle est jolie ! » pensa-t-il.

Il ferma les yeux, puis les rouvrit pour s'assurer qu'il n'avait pas rêvé. Mais non ! Crapotte était toujours là ! Alors il lui fit son plus beau sourire.

« Comme il est mignon ! » se dit-elle en lui souriant à son tour.

A cet instant, Siffleur piqua vers la terre et, sans réfléchir, prit dans son bec l'un des pots avant de remonter vers le ciel.

« Au voleur ! » protesta le petit garçon.

« Tu t'es trompé ! réalisa Crécerelle. Ce n'est pas notre Crapaud qui est dedans ! »

Siffleur ouvrit le bec pour s'excuser et, bien sûr, le pot lui échappa. Deux secondes plus tard, il se brisait par terre.

Crapotte, un peu étourdie, resta assise parmi les débris de verre, puis se secoua.

« Rien de cassé », se réjouit-elle.

Alors elle s'éloigna en lançant à l'oiseau :

« Merci de m'avoir libérée, héron ! »

« Siffleur, il ne te reste plus qu'à aller récupérer l'autre pot », décida Crécerelle.

Dans sa prison, Crapaud était tout triste.

« Elle était si jolie... »

Soudain, le monde se mit à tourner autour de lui. On l'emportait dans les airs !

Il regarda sous lui. Comme le sol était loin ! Pris de vertige, il ferma les yeux, et il se crut sur une balançoire !

« J'ai mal au cœur ! » gémit-il en devenant encore plus vert que d'habitude.

Quand Siffleur déposa le pot au parc du Daim Blanc, les animaux du bois de Quat'sous se réunirent autour lui.

« Ça va, Crapaud ? s'inquiéta Renarde.

– Il ne peut pas entendre », assura Renard.

Crapaud rouvrit les yeux : tous les visages tanguèrent autour de lui.

« C'est vous ? marmonna-t-il.

– Sortons-le vite de là, décida Renarde.
– Plus facile à dire qu'à faire ! se moqua Chouette.
– Si je laissais tomber le pot,
il se casserait comme l'autre, imagina Siffleur.
– Trop dangereux, trancha Renard.
Seul un humain peut ouvrir cette chose
inventée par un humain.
Siffleur, porte-le donc au garde du parc. »

Cinq minutes plus tard, Siffleur atterrissait près de Chatte qui prenait le soleil, allongée sur le perron de la maison du garde. Surprise, elle le vit déposer le pot à confiture près d'elle.

« Que se passe-t-il ? lui demanda-t-elle.

– Il faudrait que ton maître ouvre ce pot pour libérer Crapaud. Va le chercher, s'il te plaît. »

Chatte bâilla, puis s'étira.

« Peut-être bien que oui, peut-être bien que non... dit-elle. Qu'est-ce que tu comptes faire de ce crapaud ? Le manger pour ton dîner ?

– Certainement pas ! C'est mon ami ! s'indigna Siffleur .

– Ah, je comprends ! Tu es un animal du bois de Quat'sous. Voilà qui change tout. »

Sur ces mots, elle redressa la tête et miaula du plus fort qu'elle put.

Le garde accourut à la porte.

« Qu'est-ce que c'est ? » marmonna-t-il en débouchant le pot à confiture.

L'air sidéré, Crapaud sauta hors du pot.

« Vite, par ici ! » lui ordonna Siffleur.

Crapaud sauta sur son bec, puis tous deux prirent la route des airs sous le nez du garde qui s'écria :

« Incroyable ! Un crapaud copain d'un héron, je n'ai jamais vu ça ! »

Les amis de Crapaud soupirèrent de soulagement en le retrouvant. Mais lui, il ne les regarda même pas : il sauta à terre et s'en alla, sans un mot.

« Il veut encore retourner au bois de Quat'sous, réalisa Blaireau. Rattrapons-le.

– Mais non, les copains, je pars seulement à la recherche de ma bien-aimée », daigna-t-il enfin leur expliquer.

Un mètre plus loin, il sourit de bonheur : il venait de retrouver sa belle Crapotte !

« Tu veux bien venir à la mare avec moi ? » lui demanda-t-elle d'une voix timide.

Et Crapaud accepta. À présent, il n'avait plus envie, mais plus du tout, de quitter le parc du Daim Blanc !